Métodos de la lluvia

Sudaquia
editores
New York, NY.

El Gato Cimarrón

Métodos de la lluvia

Leonardo Padrón

Sudaquia Editores.
New York, NY.

MÉTODOS DE LA LLUVIA BY LEONARDO PADRÓN

Métodos de la lluvia.

Published by Sudaquia Editores
Cover and book design by Jean Pierre Felce
Author image by Octupustudio

First Edition by Bid & Co. Editor
2011

First Edition Sudaquia Editores: April 2014

Printed in the United States of America

ISBN-10 1938978498
ISBN-13 978-1-938978-49-4
10 9 8 7 6 5 4 3 2 1

Sudaquia Group LLC
New York, NY

For information or any inquires: central@sudaquia.net

www.sudaquia.net

Índice

a Mariaca

"Eres mayor que tú mismo y sigues sin saber
qué es la ausencia, el oro, la poesía"
Adam Zagajewski

"El tiempo es redondo y atormenta..."
Eugenio Montejo

Confeso

Mi mayor obra
han sido los poemas
que nunca he escrito.

Tengo páginas enteras en la punta de la lengua.
No pienso escribirlas.
No puedo.

He derramado piezas maestras
en el manuscrito de la nada.

En todo caso
el hallazgo de un poema
es saber seleccionar
las palabras
que no se acercarán a él.

Ese ojo profundo
que se asoma en la palabra nunca.

Frontera

Según el salmo de Symborska
la niebla y el polen se burlan de las fronteras.

No hay tierra prohibida
para la ruta de las nubes.

No hay aduana
para un pájaro nacido en México.

No hay ley que detenga
el viento de los acantilados.

Nadie le pide visa
a la canción de moda.

La frontera es una línea titubeante.

Somos también lo que prohibimos
y lo que anhelamos ser.

Somos el aire.
El paisaje que escapa.
La tierra que duerme al otro lado.

Informe general

Lo yermo.

Lo que discurre bajo el silbido.

El viento como hábito y drama.

Lo ido.

La contradanza de nombrarte.

La distancia, donde no eres.

Lo impalpable, que te rodea.

Dicen

que ni siquiera los pájaros

son los mismos.

Tus ojos son un museo al atardecer.

Zona peatonal

Camino en las llagas del cemento.

El miedo es un grafitti en los callejones.

Andamios, ternura,

y la eternidad de una araña.

Toda ciudad es un vicio solitario.

La penumbra coloca un verbo espeso en las esquinas.

Un cuerpo tendido en un hotel de paso.

En el trueno, una adquisición de tristezas.

Un árbol inexorable.

Una mujer que cruje en el pavimento.

Los edificios son las costillas del gran cadáver.

Es medianoche en las uñas.

Óleo

La mujer con ojos de virgen barroca.

La mujer lírica y sin fin.

La mujer que orbita alrededor del pecho.

La mujer con cuchillos en la calma.

La mujer que acampa en lo escrito y reina en el aire.

La mujer sin ámbitos de salón.

La mujer cotidiana y magnífica.

La mujer en la rendija y el diluvio.

Tantas veces

un rasguño

una bitácora

un dialecto en el esplendor.

La mansedumbre

La lentitud de la metáfora cero.

Todos los días ensayo ventanas
deshojo el corazón,
levanto la mandíbula.

Shhhh.

No pasa nada.
Todo sigue de largo.

La vida es una exasperante cuenta regresiva.

Poema de altura

La mejor forma de hacer un poema de altura
es escribirlo en un avión.
Toda poética es incierta,
por eso
no abras tu cinturón de seguridad.
Intentar un verso a diez mil metros de distancia
garantiza levedad y turbulencia.
Sentir el planeta a tus pies,
una experiencia para la próxima línea.
Dependiendo del clima,
tus versos rozarán el vértigo.
Si la aeromoza te ofrece una copa
ya tendrás musa y fogaje.
Todo parecerá escrito en un idioma tintineante,

distinto, oceánico.

Si te esmeras en los finales

déjaselo todo al aterrizaje.

Si prefieres los requiebros

ensaya la señal de la cruz.

Estás a salvo.

Has escrito encima de las nubes.

Un poema de altura, sin duda.

La única forma de codearte con los elegidos.

Ser

"Silencio. Palabra de las piedras"

Claude Michael Cluny

Las horas proponen una respiración de vidrio.

El sol es una piedra dura en el cielo.

El mundo acontece.

La cicatriz de ser no encuentra tinta que la escriba.

Todo es tan blanco.

Novela corta

El mismo día entendió que jamás volvería a leer un libro
hasta el final

y que era adicto a las mujeres peligrosas.

Decidió entonces toda la lluvia en la primera página.

Pequeños hallazgos

Contemplo
el honesto misterio del algodón.

Me interroga la quietud de las piedras.

No dejo de aplaudir
cuando el sol recoge sus lámparas.

Me acerco a la montaña
y el mundo es un gavilán.

Todo lo breve es el fuego.

Ocurre un pequeño dios en el silencio.

Impuesto al lujo

Hubo un tiempo de azoteas.

Un momento lívido en el árbol fundamental.

Todos éramos un signo de admiración.

Hubo una década, un ánimo de jauría, un fervor en el abismo.

El tren de los excesos atravesaba la noche.

Entonces la vida circulaba con codicia

entre hoteles y verbos inconexos.

Con la punta del lápiz ocurría la revelación.

Con la montaña, el alma en primera fila.

El sexo era una casa tronante.

Hubo un río en el fondo de los tiempos.

Una voz del tamaño de una generación.

Este es el depósito de los años furiosos.

El texto de la euforia y sus escombros.

Todos éramos el humo del amanecer.

Esta es la hora de apartar los ladrillos.

Y sacudir la ropa.

El tiempo de contar las lesiones

Y la almendra que nunca fue.

Minúsculas

La vida es un sonido en la vía láctea.

Un murmullo en la ventisca.

Nadie sabe noticias en otra dirección.

La vida ocurre

en minúsculas

como una camisa manchada para siempre.

Métodos de la lluvia

Antes de entrar en ti
debo admitir las flores que no traigo.

En mi puño se mueve un poema
o una luciérnaga.

Antes de entrar en ti
claudico con vocales de agua.

Unto en tu cuerpo la noche y los desiertos.

Ensayo una isla íntima.

Una frase húmeda.

Hay globos en el cielo de tu boca.

Te escribo en los brazos
métodos de la lluvia.

Debajo de tus ojos
coloco la cifra del mundo
y finalmente
entro:

con el sonido de quien jamás volverá.

50

El galpón de los cincuenta años.

El alambre de ser la mitad de un siglo.

El porvenir es un caballo que deja de trotar.

Un dato que se tambalea.

Busco el sol de los sótanos.

Los huesos en el burladero.

El alma es una tela áspera y contradictoria.

Titubeo.

Hay señales angostas.

Es la gramática de las incertidumbres.

Digo cincuenta en el acero y el precipicio.

El olvido

El olvido.

Esa roca negra que crece detrás de los días.

No hay colores en este parque.

Vuelvo la cara en el nudo.

Lanzo guijarros que nunca caen.

Muerdo listones de vieja madera.

Escarbo en la arcilla de los calendarios.

Y entonces el olvido.

Y sus caballos.

El aguafiestas

El aguafiestas toma lluvia sucia del cielo.
Dice abrojos en el hilo de la miel.
El aguafiestas dibuja calderos en mitad de la fe.
Su sopa es la melancolía.
Escampa cuando truena.
Prefiere la sombra, no la escarcha.
Todos los días fracasa en su corbata.
El aguafiestas no sabe de amaneceres.
La luna le quitó el saludo.
La noche le prohibió el orgullo.
Tiene en su bolsillo cigarros rotos.
Detrás de las persianas aparece el aguafiestas
con su voz chillido
de vientre y rayo.
No le caben los zapatos en la muerte.
No reza.
No besa perros.
No sueña esquinas.
No protesta no baila no duerme.
Le sobra aire.
Le falta risa.
Es el último invitado de la lista.
El disparo final.
El más sincero de los condenados.

El tiempo

El tiempo es un animal cansado.

Un viejo truco de Dios

para creerse inmortal.

El tiempo es una cena que termina.

Un señor que no te quita la mirada.

A veces

cabecea

mientras triunfan barcos en el horizonte.

El tiempo es esa mano que no te suelta.

Oración

Que solo existan poemas blancos.

Que tu nombre sea la cicatriz.

Que la máscara sea imposible.

Que tu cuerpo haga domicilio y ronda.

Que seas el insomnio tantas veces.

Que tus manos no escampen.

Que hagamos lentitud en la madera.

Que la vida sea una foto lógica en el universo.

Que tú seas el cerrojo.

Y la página rota,

el exilio que no ocurrirá.

Invisible

Aprendo
a destrabar lo que sobra.

Coloco en la cornisa
infortunios de la vanidad
aplausos y costumbres.

El perro profundo del amor.

Mi propia voz.

Una sombra minúscula,
eso pretendo.

Reclinarme en lo oscuro,
eso busco.

Y ser solamente
una breve noticia
que se apaga en el horizonte.

Reporte del tiempo

Según los informes

hay nubosidad variable en tu mirada

con probabilidad de lluvia y chaparrones esporádicos

a la hora del sexo y las metáforas.

Vientos fríos del sureste se aproximan a tus palabras.

Se esperan ciertas lloviznas

especialmente en las zonas suburbanas

de la dicha.

Debido al calentamiento diurno

hay indicios de dolor en la región central

con ráfagas parecidas a Dios

y turbulencias en la melancolía.

No se descartan tormentas eléctricas

en el sitio exacto de las dudas.

Quizás sean nubes o simplemente

la multitud de tu adiós.

Ese huracán que me persigue sin descanso.

Juguete

a Constanza y Santiago.

Los niños tienen pingüinos en la risa.
Se columpian en el viento.
Estrenan los ojos cada día
mientras deambulan
por las sílabas más blandas del idioma
y hacen dibujos
para entender el acaecimiento de los pájaros.
Algunos sonríen como una fruta dulce
o se agitan en el rumor de los dinosaurios.
Son los únicos en saber que la lluvia
es un rompecabezas
que cae sobre el domingo.

Mientras duermen,
el mundo es una plastilina solitaria.

Minuta

La vida se escribe con tiza.

Y el tiempo es un fanático de las pizarras limpias.

Yo tengo una novia

Yo tengo una novia que llueve en el desierto
que dice búscame en la prosa
que ensaya ángeles en la voz
y duerme meses en la noche.
Yo tengo una novia sin gatos ni maquillaje,
una mujer en pleno pecho,
una dama de última hora,
un acontecimiento universal en la sonrisa,
una prisa que rompe las despedidas.
Yo tengo una novia una manera un olor
un viernes un hoyuelo
una risa que es mi novia.
Yo tengo una novia con estambre en los ojos,
una novia teléfono, una novia twitter, una novia
blackberry,
una novia con peperoni, una novia en las cotufas,
una novia que toca el cielo sin hablar,
que baila sobre las vocales
que canta cuando se moja.
Yo tengo una novia que no llora en el amor
ni grita entusiasmos y bienvenidas.
Es la novia errante, la novia zapatos de goma,
la novia volcán.
Yo tengo una novia.
La novia ultima de todas las veces.
La mejor de todas las novias.
Y aquí la coloco definitiva y con ventanas
en la palabra
amén.

Párpados

Qué hay en ellos

que los hace tan leves y definitivos.

Nunca se hacen sentir

y sin embargo

clausuran el día con un solo gesto.

Sirven para perder el equilibrio

y hacer mayor la casa de la noche.

Su poder consiste en pasar inadvertidos

flotar en la luz

ser línea oscura.

Son la primera tumba de la muerte.

Misterio

Cinco mil turpiales de ala roja
mueren al unísono
bajo el cielo de Arkansas.

Cien mil peces tambor
tapizan con su muerte
treinta kilómetros
cerca de la ciudad de Ozark.

En Luisiana cuentan
quinientos mirlos y estorninos
trágicamente muertos
al estrellarse contra una carretera mojada
donde se reflejaba
la luz cansada de la luna.

A veces, tordos y otras especies,
se precipitan contra ventanas
donde ven repetida
la vegetación que anhelan.

En un rincón de Florida
novecientos buitres
se ahogaron en el mar
a una misma señal.

La muerte
convertida en tumulto y misterio.

Ciertos países cometen el mismo error
el día de las elecciones.

Duermevela

Dos y cuarenta de la madrugada.

Todo tropieza dentro de mí.

Soy una duda incalculable.

Un puñetazo en la sien.

Un televisor que no se apaga.

Y aún no te hallo en el rincón de los adverbios.

Caracas en vivo

Yo vivo dentro de una estrella de rock
nacida en el siglo XVI.

Como toda estrella
está intoxicada de gente.

Posee un club de fans
que le regala prendas y escarnios selectos.

Caracas se emborracha cada jueves
cada viernes
cada día
largamente se llena
de blasfemias y vómitos
abrazándose a los postes
de su propio exceso.

Caracas ya no se maquilla.
Anda desaliñada,
cultiva la estridencia y maneras del hastío.

Tanto sexo a deshora.
Tanta reputación destrozada.

Sus ojos de humo.
Sus pulmones cansados.

Todas las noches
deja caer
la frase ronca de la locura.

Posee hijos en cada calle
amantes ruidosas
y putas que no la abandonan.

Llega tarde a los relojes,
le encantan los falsos finales,
y una vez más
finge las cirugías que posee.

Caracas, la vieja rock star,
el burdel extraordinario,
la guitarra sin pausa,
hace una reverencia terminal
y se desploma
como un agotado dinosaurio
sobre el toldo de nuestros corazones.

Pistas

En mi propio yo
el exilio.

En el espejo
el dogma de mis abandonos.

En la hora hermética
la mordedura.

En la nostalgia
el club entero de tus labios.

Ilustración

He aquí el diagnóstico:
las polillas han invadido la casa.

Si no replico
se comerán mis libros
mis años de madera escrita.

Un ejército oculto se acerca a cronistas y narradores.
Los estantes se tambalean.

El fumigador cuenta las horas que restan
dibuja túneles en la biblioteca
planea el ataque.

Se impone una cámara de gas.
Un exterminio masivo.

Mientras ocurre, debo huir.
Alejarme de la batalla.

El aserrín del final inunda el suelo.

Mi breve bosque cruje.

Pero en algún lugar
insiste el poema.

Invisible, como la muerte.

Medianoche

Acosté sus manos bajo una luna controversial.

Me hice pequeño en sus piernas.

Las caricias eran un ruido suelto.

El árbol crujía como una verdad.

Cada beso fue una rendija para irnos.

Me hice vasto en su pecho,

grácil en sus costados.

La noche se quitó sus trajes.

Entonces.

Fuimos un chasquido monumental.

Una sola voz en la desmesura.

Origen

Madre habla sola
por los pasillos de su edad.

Madre repite hasta el ocaso
la anécdota de sus 20 años.

Madre reza en voz alta
las recetas de autoayuda.

Madre busca hormigas en las palabras.

Madre vive.

Madre ha transformado las tristezas
en fotos y naftalina.

Su ventana es un relámpago.
Su garganta, una colección de secretos.

Madre ya no pinta bodegones tibios
ni canas en el tiempo.

Madre olvida y olvida.

Madre ha convertido sus recuerdos
en frases detenidas.

Madre abre un paraguas
y ocurre otra infancia.

Madre se rasca los brazos
cultiva sábilas
y desestima el horizonte.

Madre ocurre.
Aún ocurre.

Hora pico

Toda ciudad tiene su horario estelar.

Es Caracas, 6 pm:
hay una larga espina en todas las miradas.

En el asfalto
carros y buhoneros luchan por el reino.

Bajo el metro
la multitud es un olor encrespado.

Una mujer manda un mensaje de amor
desde un teléfono
que pronto será robado.

Un ejecutivo de la prisa
envejece en los semáforos.

La lluvia agrega su tela.

Cada esquina es un reloj urgido,
un peatón que no va a llegar a tiempo.

El cielo traga grueso.
Caracas entera habla a la vez.

Detrás de un largo ventanal,
ajenos a la infamia,
tres parejas aprenden a bailar tango.

En cámara lenta, conspiran.

Fugacidad

Hay cuerpos que se visitan
para más nunca volver.

Como ciertas habitaciones de hotel
cuyo número decimos
en voz baja.

Hay amores que son
una casa abandonada.

Un exceso de polvo en el adiós.

Telarañas.

Y un bombillo que parpadea.

Dibujo a mano alzada

¿Qué hace una sombrilla tirada en un cruce de caminos?

¿Quién no termina de llegar?

Hay una tristeza en el tímpano.

Un cuchillo llamado tiempo.

Un pájaro en lo blanco.

Deuda pendiente

El gusto ácido de olvidarte.

La migaja de una página.

Mi letra o tus pómulos.

No hay espinas en este poema.

No merece la flor.

Actrices

Generalmente son difíciles y hermosas.

Están hechas de síntoma y temblor.

Persiguen el zumbido de la fama.

Pero siempre tienen abejas en la melancolía.

Ensayan tras la casa cerrada

y cultivan rumores en el municipio de sus horas muertas.

Mientras se mecen en el óleo de los espejos

se maquillan y comienzan a soñar

adjetivos inmensos.

Coleccionan aplausos y el vacío.

El silencio es su peor camerino.

Habitualmente

son capaces de la luz y lo ínfimo.

Cuando ejercen su oficio:

llorar, amar, partir,

ser la santa, el destino, la puta,

deshojar frases,

brillar en el barro.

Cuando así transcurren,

rosas sacramentales,

reinas del arpegio,

villanas y alacrán,

tienen el corazón

bruscamente abierto en la belleza.

Fotomatón

Una mujer abraza furiosamente su equipaje.

El saco cuelga como un hijo triste.

La mujer se reclina en un brusco poste.

Su lomo es un silencio sin tamaño.

La mirada deambula como un animal suelto.

Apenas entiende que nunca llegó a su lugar.

La mujer, entrada en años,

no sabe que hoy es una foto

y quizás el mes restante

un poema desafinado.

Bonsai

Toda montaña es una reflexión

escribió

humillado por el vértigo.

Poema en cedro

Tu piel es un planeta íntimo.

Busco el júbilo de tu olor.

El hotel de tus manos.

Eres el instante,

la lámpara de las tardes.

Persigo la oración que te contiene.

El susurro, la esquina, la ventana de ti.

Pero no consigo traducir la metáfora.

O el laberinto.

El oxígeno de ser tu última vez.

Las viejas palabras

Son señoras de cierta edad
que han vivido su gloria.

Poseen rango y linaje.

Hoy parecen un gesto cansado.

Se les observa
ladeadas por el uso
llenas de mirra y sed.

A veces se juntan
en el andén de los abandonos
lentas de frío
hoscas
largas en su óxido
solemnes en su verdad.

Allí vagan, ociosas
y sin futuro.

Esperando por alguien
que las vuelva a besar en la boca.

La nada

¿Existe una manera de escribir el silencio?

El vidrio de un poema rompe lo blanco.

Intento la escarcha de la existencia.

La herida de agua en el corazón.

La gran ciudad

La gran ciudad
necesita un lápiz
que la diga
exactamente.

Un motorizado cuenta las mujeres
por orden de belleza
mientras el mediodía es un semáforo averiado
y Dios evita
el reguetón de las esquinas.

La gran ciudad es una ópera descosida.

A veces un follaje,
un despojo,
una bala íntima.

Somos la fiesta, la náusea, la avenida.

Somos la gran ciudad:

Una mujer descalza en el valle.

Álbum familiar

Las fotos humanas.

Ese alfiler en el tiempo.

¿Quién mira a quién?

¿Cuál silencio es más real?

Una sonrisa oxidada.

La mano que ya no es.

El boceto de los amigos.

¿Qué centellea al fondo?

La nuez o el desamparo.

El talante de lo que jamás volverá.

La mujer fría

La mujer fría ama en línea recta.
No estés seguro de sus ojos.
Tiene una pregunta que nunca conocerás.

La mujer fría canta de espaldas
sonríe a contraluz
y desaparece como un silbido.

La mujer fría
ofrece la rosa hermética:
una gota o un planeta.

Ella habita tu centro
aunque no tiene argumentos
para convencerte.

Cuando duerme
te besa desde los bosques
pero eso nunca lo sabrás.

Bloqueo

La mano que piensa sobre el teclado
y oscurece
no sabe qué decir.

Se empina sobre el aire
hace un gesto impropio
y con delectación
borra
sus propias huellas.

Alrededor sucede el Paraíso.

Los vanos pensamientos

Pensar en la muerte
como el monólogo que siempre ocurre.

Acumular lunares.

Marcar con una equis los libros que has intentado.

Creer en el acero de las ideas.

Decir ayer en el tatuaje de hoy.

Habitar el destello.

Cuidar la respiración, esa lámpara de gas.

Insistir en el tajo de los placeres.

Hacer de la amistad un minuto crucial.

Procurar el extravío,

ese papagayo que me ata al cielo.

En el descampado,

ocurren animales imposibles.

Quizás poema

La vocal dura de Caracas.

La rima y el cálculo.

El asma de esperarte.

La serpiente del alcohol.

La ampolla de una verdad.

Se reserva el derecho de admisión.

El cielo es una chatarra extraordinaria.

Room service

En los hoteles de largos pasillos
hay siempre
a ras de la alfombra
una bandeja abandonada.

Un salero minúsculo.
Servilletas manchadas.
Comida fría.
Y algún café a mitad de todo.

Usualmente
esa bandeja pasa horas
sin nadie que la recoja.
Como un cadáver invisible.

Es el saldo de una pareja que ahora se ama.
Los restos de un viajero solitario.

En cada bandeja abandonada
hay un perfume
un secreto que gotea.

Puertas, alcobas.
La ropa que anochece.
El rumor lejano de las mucamas.

En los hoteles de largos pasillos

la gente parte
hacia el último avión de la noche.

Las bandejas persisten,
en la hora lívida,
abandonadas.

¿Alguien sabe el número del room service?

Mujer

Tiene una forma de ladear los pensamientos.
Una manera de implicar la mirada.
De proponer el mundo.
Posee una contraseña de género.
Un código.

Tiene un idioma para construir el amor.
Un instinto para ser la montaña.
Un pliegue para reunir todos sus pliegues.
Una ética para las aguas.

Eso que la convierte en fósforo de la noche.

Ella,
el género mayor,
en la dictadura de su belleza.

Contrataque

A Igor Barreto

A un poeta le es prohibido entrar en su biblioteca.

Ha desarrollado una alergia crónica al polvo.

Debe entrar con tapabocas
y leer con suspicacia y brevedad.

Una leve condena a muerte, podría decirse.

Un colega le sugiere elegir
-con un día de antelación-
el libro que leerá
cubrirlo con una bolsa plástica
y hacerlo dormir en la nevera.

El frío matará los ácaros,
es el dictamen.

El poeta cumple la estrategia.

Así, entre quesos y cerveza,
al costado de un yogurt,
coloca un poemario del siglo dieciocho.

Tramos más arriba ubica,
entre jugos y el arroz,
el fulgor de un premio Nobel.

Oculto en los tomates,
asoma Borges.
Vaya lujo el de las lechugas.

En la duermevela
los microbios saben que es su última noche
se agitan entre adverbios y diptongos
bruscamente
caen al final de un párrafo.

Al día siguiente,
el poeta abrirá la nevera
y elegirá su lectura del día
pero tantos cadáveres sobre el texto
trastocarán el estilo
el adjetivo feliz
la letra póstuma del verso que tiembla.

La gema

Rozarte la espalda con un adjetivo

y esperar

un cielo inoxidable.

Cédula en mano

En mi país la muerte está de moda.

El aire se ha vuelto una lámpara oscura

una zona de odio y flores inquietas.

En mi país hay esquinas con las manos arriba

rutas donde no ocurre el ángel

pasillos hechos para irse.

La patria es una lista de supermercado:

lo indecible, el murmullo, la uña que se hunde en el dolor

la casa fallida, el pomo abandonado.

En mi país la gente

conjuga la sospecha en primera persona.

Una comarca de sol y vaivenes

donde el presente es un perro airado

que le ladra al pasado.

Aquí la vida es una afonía en el paisaje,

una llave caída en el asfalto,

un manuscrito en el rencor.

En mi país los dioses pasan de largo

y no hay certidumbres

aunque la rosa sea siempre la rosa.

En mi país, los pájaros son el toque de queda.

Un relato brusco.

Una linterna extraviada.

Una garganta rota en lo profundo.

La fama

No pretendas descubrir en qué madriguera nace.

No intentes agarrarla por las solapas.

Tiene las manos frías
a pesar del tamaño de su abrazo.

Exige oficio y disposición.

No tolera la indiferencia.
(se lee al dorso)

Es una bomba de tiempo en los bolsillos.

No pruebes a darle la espalda.
Es inútil.
Ella te abandonará primero.

Su naturaleza es turbia, su origen un accidente.

Basta la hojarasca de los diarios
una foto sin perfil
color y entusiasmo.

Listo.

Serás un espacio habitado por su hierro.
Nada más.

La página que siempre será amarilla.

Ritual

Se acercaba a las mujeres con una jerga encendida.

Intentaba fiestas y el oleaje.

Procuraba un aroma, un vapor, una alquimia.

Decía pájaros en la voz.

Rimaba la luz y el contraluz.

Se plegaba a sus ojos como un acento.

Anunciaba la escaramuza del querer.

Y al rato se apagaba como una vela nerviosa.

Casi sombra.

Y más solitario de lo normal.

La tierra prometida

La existencia es una calle ciega.

Una sala de espera.

Un parque de acrobacias inútiles.

Cuando circulas entre el silencio y el lenguaje,

¿dónde ocurre la desesperación?

Anverso de tus ojos.

Aceitunas en la risa.

La oscuridad es la tierra prometida.

Sentencia

Al pensarte, te modifico.

La fe es una escalera que nunca construí.

No hay plegaria que nos resuma.

No hay retórica en el ayuno.

Esta es la infección de quererte.

La voz tuya en la furia de llover.

Disciplina

La vida es una obra
sin posibilidad de reestreno.

Hay horarios para trabajar y rumiar pastillas.

Para subir la roca
o bailar en el precipicio.

Para visitar a Dios
o elegir frutas en el mercado.

Para callar
o hacer del amor una frontera.

Para intentar la gloria
o la distancia.

El único reloj que nadie admite eres tú:
espejo,
que todo lo acumulas.

Cortometraje

Un soldado atraviesa el desierto
la única arma que carga
es un niño de 10 kilos
en sus brazos cansados.

La muerte bosteza una película.

Gestión

La desazón, esa puerta mal cerrada.

Soy una astilla al mediodía.

Una mancha en noviembre.

Esa persona gruesa en el filo.

Me quito la tierra de los ojos.

Apago la piel.

Quedo en mitad de mi nombre.

Busco el incendio de la soledad.

Digo

No vale la pena el alma.

Es una palabra demasiado intangible.

Hay cicatrices en la tarde.

Aguardo el deslumbramiento.

La exactitud eres tú.

Oficio

Me afano en el manuscrito de las emociones.

Escribo historias de gente que se busca.

Que se alargan en el tiempo.

Que se trenzan en la risa.

Añado la viscosidad de un secreto.

Un equívoco mayor.

Y en el momento justo: el gran final.

Una infusión feliz, con créditos y anunciantes.

Así consigo empleo.

Eso consigno en páginas públicas.

Cuento historias de amores contrariados.

Y oscurezco en mi silbido.

Me arden las manos.

Destino

Todos los días antes de morir

hago surcos en tu nombre

para saberme.

Habito tus márgenes

como si el pasado fuera un planeta arcaico

una cadencia bronca

un oficio inevitable

para llegar a ti.

Demasiadas veces la lluvia.

Apenas

Poseo una vasta ignorancia
sobre temas tan puntuales
como la vida
y las bromelias del Amazonas.

Sólo se de esa iglesia que es el instante.

Soy la enciclopedia de lo fugaz.

Pie de página

Creo
en el espejo que lame mi cara
cada día.

Y escribe mi despedida.

Lentamente.

Los de siempre

Los que estrenaron el fuego.
Los que cruzaron el mismo siglo.
Los que militan en la carcajada.
Los de la sed y el océano.
Los que estuvieron en la tristeza.
Los que poseen el diamante.
Los benditos irresponsables.
Los que deletrean la madrugada.
Los amantes de tantas veces.
Los del texto generacional.
Los que han perdido dientes, casas, parejas.
Los que ya no recuerdan cómo era todo.
Los indolentes, los antiguos, los delgados en el aire.
Los que no volvieron a llamar.
Los del minuto final.
Los de siempre.
Los que ya más nunca.

Discurso

Celebro el horóscopo de tu sexo.

Y me extiendo cien páginas en el intento.

A veces

A veces, mi respiración es una ciudad ajena.

Y ocurre
la aflicción de los poemas.

Apenas
lo descalzo.

La mórbida palabra que es la soledad.

El estropajo que somos.

El péndulo de las renuncias.

Brevísimo

Tres veces nombro tus ojos.

Es radiante la tristeza.

El sol es una taza de café que no basta.

Noticia criminis

La metralla
ese vapor desleído en el pavimento.

Hoy era tan fácil no morirse.

La puerta cotidiana se clausura.

Somos la víspera
la mano sin jarra
el mercurio derramado.

El futuro, aturdido, se retira.

Es alérgico a los epitafios.

Fiesta

Tocar la medianoche
con los ojos despiertos de lluvia.

Nocturno

Hay un entusiasmo de grillos diciéndole adjetivos a la noche.

Ocurre un encono de nubes en el cielo.

A veces hay demasiada ciudad.

Es la resaca del ser.

La dádiva escondida.

Errancia

Un barco que nunca llega.

Un depósito con tus almohadas.

Un hoyo para la ceniza de las palabras.

Un techo para los días rotos.

Un cesto de viejas noticias.

Una mandarina en blanco y negro.

Allá, en la herida,

donde me busco.

Fósforo

Leer el poema
después de haber cerrado los ojos.

Vagabundo

El perro tiene prisa en la nariz,
busca noticias en el hombrillo
y se sacude la duermevela.
El perro retumba en los charcos,
le ladra a las mujeres casadas,
y olisquea
la raya del atardecer.
Husmea, gira y escarba
en su viejo vecindario.
Es la voz de extramuros.
El anciano con pulgas.
El bastón de los ciegos remotos.
El ladrido escondido en las bicicletas
mientras callejea
en la línea oscura del viento.

Agujas

La persistencia, esa reescritura.

Toco un grano de sal con el índice:

se balancea el mundo.

El sueño, ese alfil de la realidad.

La muerte es la única verdad sin fecha de vencimiento.

Suburbio

Soy la zona que se olvida,

la prioridad de los oscuros,

la aguja de los proxenetas

la calle final.

Espero

por la sombra de mi llegada.

El Gato Cimarrón

Otros títulos de esta colección:

Primer movimiento – Enrique Winter

Próximamente:

El amor tóxico – Leonardo Padrón

La puntualidad del paraíso – Armando Rojas Guardia

www.sudaquia.net

Printed in Dunstable, United Kingdom

87849292R00112